위기에 관해 잘 알아 두면, 언제 어떤 위기가 닥쳐도 두렵지 않아요.

이 책은 세상을 살다 보면 만나는 여러 가지 위기를 1에서 100까지의 위기 수준과 5단계의 발생 가능성으로 나누어, 낮은 수준의 위기 상황부터 차례차례 소개합니다.

그리고 위기에서 탈출하는 방법, 비슷한 위기 상황, 엎친 데 덮쳐 오는 위기 등 위기에 관한 모든 것을 속 시원하게 알려 주지요.

가방에 넣어서 다니기에도 딱 좋은 크기예요.
여러분도 이 책을 가지고 다니면서 갑작스러운 위기에 대비하세요!

위기 탈출 도감

스즈키 노리타케 글·그림 | 권남희 옮김

우유를 쏟았어요.
위기 발생!
위기 수준은 어느 정도일까요?

우유를 쏟았다

발생 가능성 ★★★★☆

위 기 수 준
29

우유를 쏟을 가능성은 ★★★★☆ 별 4개,
자주 겪는 위기죠.

04

아깝다고 흘린 우유를 핥아먹으려다…

쓥… 쓰읍……

머리로 컵을 쓰러뜨렸어요.

그 결과…

또 우유가 쏟아졌다

발생 가능성 ★☆☆☆☆

이처럼 살아가다 보면
수많은 위기가 찾아와요.
위기에 빠지면 누구나
어쩔 줄 모르고 당황하지요.

이 책에서는 온갖 다양한
위기 상황을 소개합니다.
미리미리 읽어 두면
어떤 위기가 닥쳐도
당황하지 않을 거예요.

자, 그럼 어떤 위기가 있는지
지금부터 함께
알아봅시다.

껌을 삼켰다

발생 가능성 ★★★★☆

위 기 수 준
1

읍, 껌을 삼켰다! 하지만 괜찮아요. 나중에 똥이랑 같이 나오거든요.

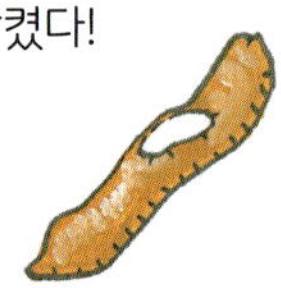

세 명 중 한 명꼴로 껌을 삼킨 적이 있대요. 흔히들 겪는 위기랍니다.

접니다!

이제 막 입에 넣고 씹은 껌이라 단맛이 많이 남아 있었다면 위기 수준은 **2**가 되겠습니다.

으아~ 아깝다!

꿀꺽!

저도 예전엔 껌을 아껴 먹겠다고 조금씩 뜯어서 씹다가 곧잘 삼키곤 했답니다.

얼음이 혀에 달라붙었다

발생 가능성 ★★☆☆☆

위 기 수 준
3

얼음이 혀에 붙은 채로 말하면 "어염이 너머 타가워." 이렇게 되죠.

얼음이 붙어 가뜩이나 힘든데 친구들이 보고 웃으면 더더욱 괴로워요.

꽝꽝 얼어붙은 아이스바도 혀에 잘 달라붙어요. 크기도 커서 더 난감하죠.

혀에 붙은 얼음이나 아이스바는 미지근한 물로 적시면 바로 떨어져요.

빨대가 쏙 들어갔다

발생 가능성 ★★★☆☆

위 기 수 준
5

{ 비슷한 위기! }

플라스틱 숟가락이 부러졌어요.

라면 국물에 숟가락이 빠졌어요.

시럽 뚜껑이 열리지 않아요.

10 | 쏙 들어간 빨대는 젓가락을 찔러 넣어서 살살 빼내면 돼요.

접착테이프 끝부분을 못 찾겠다

발생 가능성 ★★★★★

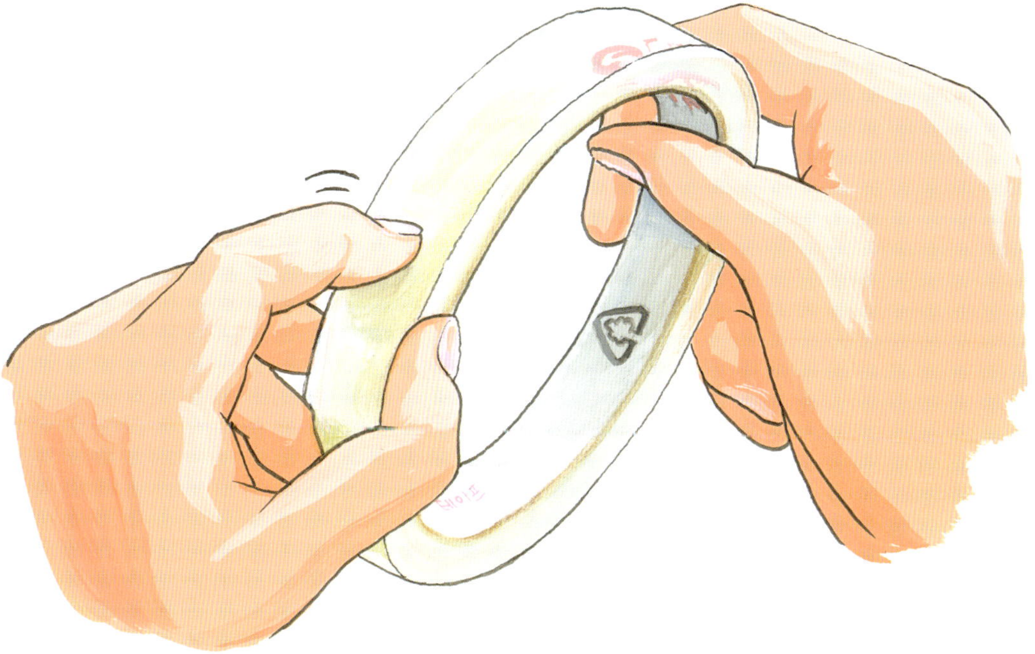

위 기 수 준
6

딴 종이에 붙었어요.

배배 꼬여서 엉겨 붙었어요.

지익지익

쓰던 중간에 다 떨어졌어요.

끝부분은 찾았지만 이제 막 손톱을 깎은 뒤라 뗄 수 없다면, 이것도 큰 위기죠!

11

책상에 그림 자국이 남았다

발생 가능성 ★★☆☆☆

위 기 수 준
7

좀 이상한 그림을 그렸거나
글자를 틀리게 썼다면
위기 수준은
더 올라가지요.

공책 위기!

몇 쪽을 건너뛰어
쓰고 말았네요.
위기 수준 **11**이에요.
그림이라도 그려서
빈 페이지를 채워 봐요.

새 공책을 처음 쓸 때 실수로 뒤집어서 맨 뒷장부터 쓰는 일도 있어요.

수거통을 빼고 연필깎이를 돌렸다

발생 가능성 ★☆☆☆☆

위 기 수 준
10

게다가!
연필 찌꺼기가 책상과 공책에 쏟아지면 위기 수준이 더 올라가죠.

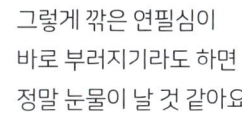

게다가!
그렇게 깎은 연필심이 바로 부러지기라도 하면 정말 눈물이 날 것 같아요.

하아…

꽉 찬 수거통을 비우려다 찌꺼기가 사방으로 튀어나올 때도 있어요.

식빵이 새카맣게 타 버렸다

발생 가능성 ★★☆☆☆

위 기 수 준
13

게다가!

탄 빵 부스러기가 버터에 달라붙으면
위기 수준은 **+3**.

식빵 위기!

통식빵을 열심히 썰다가
찌그러져 버렸어요.
위기 수준은 **15**.

14 | 검게 탄 빵에 검은깨 크림을 발라 먹으면 겉으로는 감쪽같지만 맛은 속일 수 없어요.

간장을 너무 많이 넣었다

발생 가능성 ★★★★☆

위 기 수 준
17

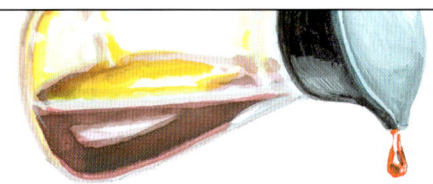

짜다고 밥을 더 넣으면
달걀밥에서 달걀 맛이 나지 않아요.
양이 많아 다 먹지도 못하죠.
위기 수준은 **27**로 올라갑니다.

달걀밥을 먹을 때
여러 위기를 겪을 수 있어요.

달걀이 흘러넘쳐요.

간장이 한쪽에 몰려 있어요.

일본에서는 10월 30일을 '달걀밥의 날'로 정했을 만큼 달걀밥이 인기가 많다네요.

15

아이스바가 녹아내린다

발생 가능성 ★★★★★

위 기 수 준
20

팔꿈치까지 흘러내렸다면
위기 수준
22.

덩어리째 떨어져
버렸다면
위기 수준
35.

그런데 나무 막대기에 '당첨'이라고
적혀 있네요!
위기에서 탈출!

16 | 녹아내리는 아이스바를 한입에 급히 삼키면 머리가 띵~ 아프죠!

게임기 충전이 안 됐다

발생 가능성 ★★☆☆☆

위 기 수 준
22

충전기를 찾을 수 없다면 위기 수준 **24**.

버튼이 끈적거린다면 위기 수준 **3**.

게임 시간에 치과 예약이 되었다면 위기 수준 **36**.

치과 예약을 깜박 잊고 여행 간 적이 두 번 있어요. 죄송합니다.

세탁기 뒤로 양말이 떨어졌다

발생 가능성 ★☆☆☆

위기 수준 **25**

손이 닿지 않는 세탁기 뒤쪽은 블랙홀 같아요.
세탁기를 밀어 보면 언제 떨어졌는지 모를 먼지투성이 팬티가 나오죠.
으아악!
위기 수준 **43**.

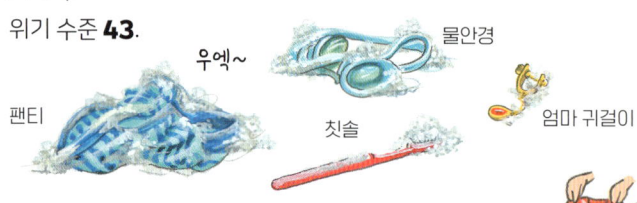

팬티 우엑~ 물안경 칫솔 엄마 귀걸이

그럴 땐 얼른 청소기를 가져와서
"청소 좀 했어요." 하면서
슬쩍 넘어가도록
해요.

제가 좀 착하죠.

셔츠 소매가 뒤집혀 있으면 빨래 널 때 너무 귀찮아요.

주머니에서 모래가 잔뜩 나왔다

발생 가능성 ★★☆☆☆

위 기 수 준
31

위기 탈출 퀴즈!

다음 물건 가운데 주머니에 넣고 빨면 큰 위기가 닥치는 것은 무엇일까요?
7가지 있어요! ※정답은 마지막 페이지에 있습니다.

도토리

희귀 카드

고무줄

붙였다 뗀 반창고

화장지

자전거 열쇠

건전지

장난감 개구리

빠진 이

초콜릿

동전

매미 허물

돌멩이

구슬

나뭇잎

식빵 껍질

솔방울

접어 올린 바짓단 속에도 꼭 모래가 들어 있어요.

샤워기가 안 보인다

발생 가능성 ★☆☆☆☆

{ 목욕탕 위기! }

목욕탕은 위기에 빠지기 쉬운 장소예요.

잘 생각하면 별것 아니라도 위기 수준이 높아지곤 하죠.

옷을 벗고 있다 보니 더 당황스럽기도 하고요.

조심해야 해요.

위기 수준
34

목욕탕 문이 열려서 춥다

발생 가능성 ★★☆☆☆

위 기 수 준
45

형제가 있는 사람이 자주 겪는 위기예요. 겨울철에는 특히 괴롭다니까요.

불쑥 열린 문이 볼기에 닿으면 너무 차가워요! 위기 수준 **25**.

샤워할 때 목욕탕 천장에 맺힌 물방울이 맨몸에 떨어지면 너무 차갑죠. 깍!

눈에 비누 거품이 들어갔다

발생 가능성 ★★★★★

위 기 수 준
47

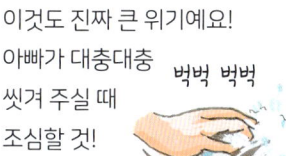

{ 비슷한 위기! }

이것도 진짜 큰 위기예요!
아빠가 대충대충 씻겨 주실 때 조심할 것!

벅벅 벅벅　　쏴아

귀에 물이 들어갔어요.

그러다 귓속에서 미지근한 물이 스르르 나오면 최고로 기분이 좋아요. 햐아~

왜 목욕탕에만 가면 꼭 오줌이 마려울까요?　|　23

욕조에 물이 안 채워졌다

발생 가능성 ★★☆☆☆

위 기 수 준
50

욕조 마개가 빠져 있어요!
꼭 막아 놓질 않았나 봐요.
다시 물을 받는 동안 샤워를 하자면
어쩐지 불쌍한 느낌이 들죠.

위기에서 탈출!?

따뜻한 물을 틀어 둔 욕조에 들어가 기다리는 것도 괜찮아요.
물이 점점 차오르는 느낌을 즐기면서 따뜻한 물에 고마워하는 거죠.

가방 속 물통이 샜다

발생 가능성 ★★★★☆

위 기 수 준
51

그런 줄도 모르고 메고 다녔더니 등이랑 엉덩이가 축축해요.
위기 수준 **54**.

가방 속 공책도 젖었어요.
위기 수준 **+1**.

다 쏟아졌네!

가방 속 만화책까지 젖었어요.
위기 수준 **+49**.

26 | 한번은 물통 속 코코아가 새서 등이 얼마나 뜨거웠는지 몰라요.

가방에서 오래된 주먹밥이 나왔다

발생 가능성 ★★☆☆☆

위 기 수 준
52

Q 위기 탈출 퀴즈!

으악~

가방 속을 뒤지면 별의별 물건이 다 나와요.
오른쪽 물건을 위기 수준이 높은 순서대로
나열해 봅시다.

※정답은 마지막 페이지에 있습니다.

① 친구의 장난감 자동차

② 언젠가 먹다 남은 바나나

③ 양말 한 짝

우리 집 쓰레기통 바닥에는 끈적끈적한 슬라임이 들러붙은 적도 있었죠. 누가 버렸지!

27

번데기에서 탈피한 장수풍뎅이가 한밤중에 사육통을 탈출했다!

위 기 수 준
63

발생 가능성 ★☆☆☆☆

어른벌레가 된 장수풍뎅이는 엄청난 힘으로 뚜껑을 들어 올려요.

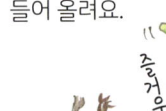

장수풍뎅이가 날아다니면 헬리콥터만큼이나 시끄러워요.

불을 딱 하나만 켜면 그쪽으로 날아들어요. 잡아라!

어렸을 적에는 사슴벌레가 크면 장수풍뎅이가 되는 줄 알았어요. 부끄럽다!

이동 중인 차 안에
커다란 거미가 있다

위 기 수 준
6 8

발생 가능성 ★☆☆☆☆

운전자가 깜짝 놀라니까
너무 소란을 피우면 안 돼요.

차 안에 모기가 있으면 위기 수준 **8**.
창문을 열어서 내보내요.

차에서 방귀를 뀌면 위기 수준 **34**.
창문을 열어서 내보내요.

커다란 농발거미는 바퀴벌레를 잡아먹는 착한 녀석이랍니다.

무슨 일을 해도 위기가 찾아오니
그냥 방 안에 가만히 있는 게 낫지 않을까요?
아니죠, 그래도 위기는 찾아와요.

배고파서 꿈쩍도 못 하겠다

발생 가능성 ★★★☆☆

위 기 수 준
70

화장실에 휴지가 떨어졌다

발생 가능성 ★★★☆

위 기 수 준
74

뒤쪽 수납장에도 휴지가 없다면!
그럴 땐 휴지 심을 찢어서 얇게 펼쳐
휴지 대신 쓸 수 있어요.
하지만 변기에 버리면
안 돼요.

휴지 심으로 대충 닦았으면 노래라도 부르면서
좀 더 가만히 앉아 있어요.
그러다 보면 엉덩이도 마르죠.
이때 팬티를 살짝 걸치고 휴지를
찾으러 화장실 밖으로
나가면 됩니다.

수납장에서 휴지를 꺼내다가 변기에 풍당. 으아악!

잠이 안 온다

발생 가능성 ★★★☆☆

위 기 수 준
76

33

바깥은 춥다

발생 가능성 ★★★☆☆

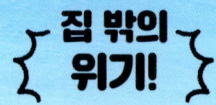

넓은 바깥세상으로 달려 나가면
스스로 해야 할 일도 늘어나요.
새로운 도전에 설레기도 하지만
그만큼 더 많은 위기가 닥쳐오지요.
하지만 걱정할 것 없어요.
자, 이 책과 함께 마음의 준비를 해 봅시다!

위 기 수 준
80

자전거에 벌이 앉아 있다

발생 가능성 ★★☆☆☆

위 기 수 준
81

억지로 쫓아내려다 쏘일 수도 있어요.
날다 지쳐서 쉬고 있는지도 모르니까
천천히 머물게 해 주세요.

벌도 좀 쉬자~

모기에게 콧구멍 안쪽을
물렸어요.
위기 수준은 **28**.
가려운 데다가 코를
후비는 것처럼
보여서 창피해요.

벌레 위기!

더러워~   으, 간지럽다!

36 | 자전거 안장에 내려앉은 작은 새가 귀여워서 지켜보는데, 똥을 찍 누고 간 적도 있어요.

강아지가 심하게 핥는다

발생 가능성 ★★★☆

위 기 수 준

83

강아지에 따라 위기 수준도 달라져요.

치와와
위기 수준 **35**

시베리아허스키
위기 수준 **86**

세인트버나드
위기 수준 **97**

언젠가는 강아지가 힘차게 핥는 바람에 안경이 날아가 버린 적도 있어요.

37

똥을 밟았다

발생 가능성 ★★★★★

위 기 수 준
90

39

생일 선물을 깜빡했다

발생 가능성 ★☆☆☆☆

위 기 수 준
9 5

생일잔치에 와서 맛있는 음식을 잔뜩 먹은 다음,
결정적인 순간에 닥친 위기!
선물을 집에 두고 왔다면 위기 수준은 **28**이에요.

하지만 선물을 아예 준비하지 않았다면…
어떡하죠?

위기에서 탈출!?

오늘은 줄 수 없는 선물이라고 말한 다음, 나중에 액자에 오늘 찍은 기념사진을 넣어 선물하면 어때요? 틀림없이 기뻐할 거예요.

자전거가 도미노처럼 넘어졌다

발생 가능성 ★★★☆☆

위 기 수 준
97

게다가!

바구니에 들어 있던
공이 저만치 굴러갔어요.

손잡이가 바구니에 걸려
빠지지 않아요.

겨우 다 세웠는데 엉덩이로 쳐서 반대쪽으로
도미노처럼 넘어졌어요.

이런 위기에 빠져 힘들어하는 사람을 만나면 꼭 도와주세요.

머리를 생각보다 짧게 잘랐다

발생 가능성 ★★★☆☆

위기 수준
98

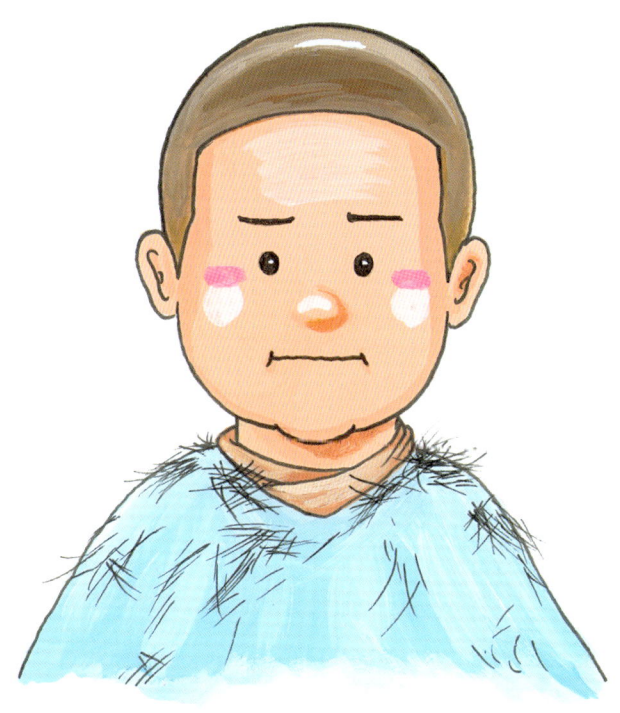

머리 모양이 마음에 들지 않으면 기분도 울적해져요.
두상이 예쁘다고 칭찬받아도
별로 기쁘지 않아요.

머리카락은 하루에 0.4밀리씩 자란답니다. 일주일이면 3밀리쯤 자라죠. 일주일은 생각보다 짧을까요, 길까요?

1개월에 13밀리미터, 1년이면 약 15센티미터, 평생 자르지 않으면 약 12미터. 우앗!

소나기가 퍼붓는데 우산이 없다

발생 가능성 ☆☆☆☆☆

마침내 위기 수준 **100**!
여러분이 자라서 더 넓은 세상으로 나아갈수록
위기도 자꾸자꾸 더 많이 찾아와요.

위 기 수 준
100

그래도 괜찮아요.

누구나 수많은 위기를 헤쳐 나가며

이 세상을 살아가거든요.

무슨 말을 해야 할지 모르겠다

발생 가능성 ☆☆☆☆☆

여러분을 위기에서 구해 주는 새로운 만남도 있을 거예요.

위 기 수 준
??

그래요. 위기 따위 두렵지 않아요!

# 위기 탈출 퀴즈!

정답

19쪽: 희귀 카드, 화장지, 건전지, 초콜릿, 매미 허물, 식빵 껍질, 솔방울
(물에 녹거나 자잘하게 부서지는 물건이 세탁물에 묻으면 무척 성가시죠. 건전지는 자칫 액체가 새어 나올 수 있어 위험해요.)

27쪽: 위기 수준이 높은 것부터 **2-1-3**.
(위기 수준은 장난감 자동차 **8**, 바나나 **64**, 양말 **2**입니다.)

스즈키 노리타케 글·그림

1975년, 일본 시즈오카현 하마마쓰에서 태어났으며, 신칸센 기관사를 거쳐 그래픽 디자이너로 일하다가 그림책 작가가 되었습니다. 《어떤 화장실이 좋아?》로 제17회 일본그림책상 독자상을, 《살아 있는 직업 그림 사전: 스카이트리》로 제62회 소학관 아동출판문화상을 받았습니다. 《위기 탈출 도감》으로 제15회 MOE 그림책서점대상을, 《위기 탈출 도감 2》로 제17회 MOE 그림책서점대상을 수상했습니다. 그 밖에도 《케첩맨》, 《천만의 말씀》, 《깜깜한 밤이 오면》을 비롯해 재치 있고 재미난 그림책으로 많은 사랑을 받고 있습니다.

권남희 옮김

일본 문학 전문 번역가이자 에세이 작가입니다. 《창가의 토토》, 《마녀 배달부 키키》, 《이유가 있어요》, 《츠바키 문구점》, 《종이달》을 비롯해 300권이 넘는 일본 어린이책과 문학 작품을 우리말로 옮겼으며, 《혼자여서 좋은 직업》, 《스타벅스 일기》, 《번역에 살고 죽고》 등을 썼습니다.

DAIPINCHI ZUKAN
by Noritake SUZUKI
© 2022 Noritake SUZUKI
All rights reserved.
Original Japanese edition published by SHOGAKUKAN.
Korean translation rights in Korea arranged with
SHOGAKUKAN through THE SAKAI AGENCY and TONY
INTERNATIONAL.

이 책의 한국어판 저작권은 토니 인터내셔널을 통한
SHOGAKUKAN과 독점 계약으로
도서출판 이아소에 있습니다.
저작권법에 의해 한국 내에서 보호받는
저작물이므로 무단 전재와 무단 복제를 금합니다.

위기 탈출 도감

초판 1쇄 발행 2024년 2월 10일
초판 6쇄 발행 2025년 6월 10일

글·그림 스즈키 노리타케
옮긴이 권남희
펴낸이 명혜정
펴낸곳 이아소
교열 최현경
디자인 이창욱

등록번호 제311-2004-00014호
등록일자 2004년 4월 22일
주소 04002 서울시 마포구 월드컵북로5나길 18 1012호
전화 (02)337-0446 팩스 (02)337-0402

책값은 뒤표지에 있습니다.
ISBN 979-11-87113-66-9 77830

도서출판 이아소는 독자 여러분의 의견을 소중하게 생각합니다.
E-mail iasobook@gmail.com

아직 더 남았다
이런 위기도!

 새로 산 책이 너무 어려워서 무슨 말인지 모르겠다.

 검은색인 줄 알았는데 빨간색 펜이었다.

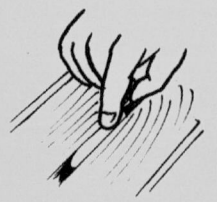 바닥 틈새로 점토가 들어갔다.

 엘리베이터에서 방귀가 나왔다.

 잠옷이 꼭 낀다.

 신발에서 냄새가 난다.

 사진에 눈이 흰자위만 나왔다.

 찐빵이 뜨겁다.

 비둘기 떼에 둘러싸였다.

 신발이 꼭 낀다.

 배가 고픈데 졸린다.

 화장지가 없다.

 청소기에 손수건이 빨려 들어갔다.

 형의 몫까지 먹어 버렸다.

 옷에서 냄새가 나는 것 같다.

 생각했던 맛과 다르다.

 이가 빠질 것 같다.